ÊTRE PRÊT

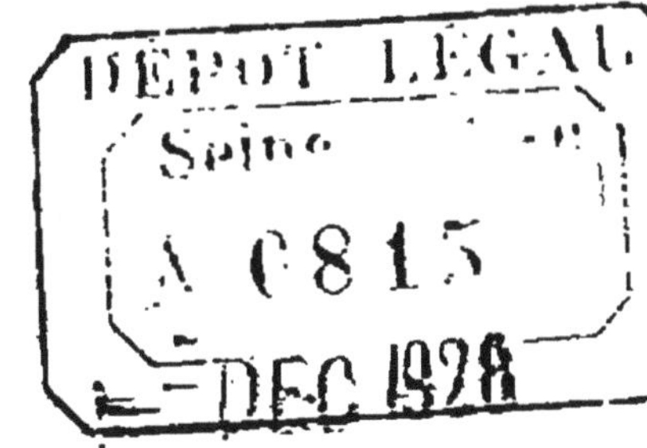

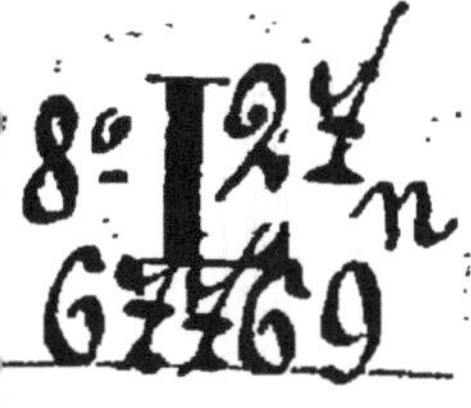

ÊTRE PRÊT

Louis BLANCHARD

ÉLÈVE DE L'ÉCOLE SAINTE-CROIX D'ORLÉANS

SCOUT DE FRANCE

C. P. DE LA PATROUILLE DES AIGLES

1re ORLÉANS

TROUPE DE MONSEIGNEUR

17 Août 1911 - 17 Février 1928

Nihil obstat.

Aureliæ du 2 Aprilis 1928.

L. DARNAULT,
VIC. GÉN.

Imprimatur

Versaliis, die Aprilis 1928.

J. MILLOT,
Vic. Gén.

Aux Scouts de sa patrouille et à tous ceux de sa troupe pour lesquels il a offert sa vie, pour qu'ils se souviennent et se montrent dignes de lui ;

A tous les petits C. P. de nos patrouilles de France, pour qu'ils y puisent un exemple et un mot d'ordre ;

A tous ceux qui ne connaissent pas le scoutisme ou qui en médisent, pour qu'ils sachent ce que cette règle de vie peut contribuer à faire, avec la grâce de Dieu, dans une âme de 16 *ans,*

Ces lignes sont dédiées qui diront simplement, pieusement, comment a su vivre et mourir un petit C. P. de la 1re Orléans, qui s'en est allé, de tout son cœur, joyeux et plein d'abandon, vers la Maison du Père, le 17 février 1928, à l'âge de 16 ans.

M. L.

Au soir du dimanche 19 février 1928, les Scouts tout équipés encore, parce qu'ils revenaient de la campagne, sont entrés, silencieux, dans l'Eglise St-Paterne d'Orléans ; lentement, avec des pas qui se faisaient respectueux, ils se sont approchés de la chapelle ardente où reposait leur frère Louis Blanchard, C. P. de la Patrouille des Aigles..... Leurs fronts, penchés un instant pour une ardente prière, se sont relevés et ils ont vu... dans la lueur tremblante de deux cierges de cire... ce qu'ils n'oublieront plus....

Des tentures blanches couvrant les murs de la petite chapelle : au fond, une croix noire qui se détachait légère. Au milieu, un cercueil qu'un drap blanc frangé d'argent recouvrait, parce que celui qui dormait dedans son grand sommeil était un enfant encore. Sur le drap blanc, le chapeau scout était posé et, devant, fixant les regards, le beau fanion vert de la Troupe, dont la devise « Etre prêt » se détachait en rouge...

Dans le silence de l'Eglise, quelle prédication se fit au fond des âmes en cet instant !... Quel commentaire de la devise et quel mot d'ordre !....

Être prêt à toujours bien vivre pour bien mourir,
Être prêt à bien mourir pour toujours vivre.

Les Scouts, lentement, se sont retirés, émus peut-être. mais enrichis plus encore dans leur âme et apaisés et fiers, et le petit C. P., ce soir-là, par delà ses yeux clos, les regardait au fond de l'âme d'un regard qui était celui d'un chef.

Louis Blanchard était d'Orléans : il y était né le 17 août 1911. Lui, qui devait vivre si peu, mais avec tant d'ardeur, et des jours si riches dans leur brièveté, venait au monde « en un mois de vie où la nature donne ses fruits à pleins paniers .... » Le jour même de sa naissance, il fut baptisé par son oncle, l'abbé Louis Blanchard, vicaire à Saint-Marceau d'Orléans, qui devait tomber glorieusement au début de la guerre. Comme pour l'enfant Décadi (1) dont on a écrit la charmante histoire, on s'imagine que son Ange gardien dut « descendre bien vite du Ciel pour prendre cette âme nouvelle qui était et devait rester si pure et s'en fut à tire d'aile la montrer au

(1) On reconnaitra facilement, au cours de ce modeste travail, les citations tirées de quelques beaux ouvrages de Henri de Montherlant, Paul Cazin, Jeanne Galzy.

Paradis. » Comme aussi celle de Décadi, l'histoire de ce petit garçon jusqu'à cinq ou six ans, est bien facile à écrire : « il ne lui arriva rien de singulier ». Il y eut cependant ceci qu'il prenait sa vie au sein d'une famille profondément chrétienne, où il devait, chaque jour, respirer le christianisme comme un air vivifiant et s'en imprégner l'âme. Cela dit pour bien faire comprendre que nous nous garderons d'attribuer au scoutisme seul toute la gloire d'une courte et belle vie. Le Scoutisme fut pour Louis Blanchard l'influence qui donna à sa vie son cachet original et définitif, oui, mais la famille fut l'influence première et profonde qui fit son âme d'enfant comme celle de tous les enfants. Jusqu'au dernier instant, il devait bénéficier de cette action familiale qu'il recevait avec une affectueuse confiance.

C'est à trois ans qu'on le conduisit pour la première fois au Petit Séminaire de Sainte-Croix, tout proche de sa demeure. Trottinant sur ses petites jambes, il s'en fut sans trop de larmes, trouver les bonnes demoiselles qui ont la charge des petits. Depuis lors, l'Ecole Sainte-Croix se partagea l'âme de Louis avec ses parents pour faire de lui, par une influence combinée, un solide chrétien.

Qui dira, comme il faudrait le dire, l'influence sur une âme d'enfant, toute malléable, où toute empreinte demeure, des années passées dans un collège chrétien ? Chacun de ceux qui y ont passé devrait écrire sa « Gloire du Collège » qui serait un hymne infiniment varié de reconnaissance et de doux souvenirs... Chapelle mystérieuse et calme où les barques se relèvent qui allaient chavirer, chants vigoureux déferlant comme les vagues sur les grèves, parfum de l'encens, ordonnance prenante des liturgies, confessions recueillies des veilles de fêtes, chambres de professeurs où l'on entre l'âme tout en révolte et d'où l'on sort apaisé et où, quand on y rentre, le moindre objet « déchaîne mille résonnances dans l'âme », amis que l'on a rencontrés là, comme par hasard, mais plutôt par providence, et que l'on a rendus meilleurs en devenant meilleurs par eux.....

Par tout cela l'âme de Louis se faisait. Mais chrétien, il ne le devint pas sans lutte. « Les saints ne sont pas nés saints », devait-il noter plus tard. Lui-même n'avait pas reçu du ciel une sainteté toute faite. Tout jeune encore, il connut l'agitation de l'âme, et les doutes et les scrupules le firent pleurer et se débattre à un âge où les enfants nous apparaissent sans souci.

« Est-ce bien vrai, tout ce qu'on nous enseigne au catéchisme ? » demandait-il à son confesseur stupéfait. Et c'étaient des crises de larmes et des désespérances qu'il fallait calmer souvent.

Un soir, sa mère le surprit tout en pleurs. Comme on le pressait de questions, il dit tout simplement parce qu'il ne savait rien cacher : « J'ai un péché mortel et on ne doit jamais s'endormir avec un péché mortel ». Il fallut le conduire au Collège, attendre son confesseur absent. Vers 10 heures, Louis rentra à la maison radieux, consolé : il avait retrouvé la paix de la conscience et il pouvait dormir.

Ce qu'était alors son caractère, il nous l'a dit simplement et cela dans un devoir daté de juin 1927 et qu'il terminait ainsi : « Peut-être fais-je ici une confession véritable, mais qu'importe si elle contribue à m'humilier et à me faire mieux reconnaître mes fautes ; qu'importe si elle m'abaisse au rang d'un enfant que je ne suis plus ? Notre-Seigneur n'a-t-il pas dit : « Si vous voulez entrer dans le royaume des cieux, faites-vous petits comme l'un d'eux. » A quoi pensait-il donc en ce soir de juin 1927 ? Enfant, il n'a jamais cessé de l'être. Et quand il aurait vécu plus longtemps, la mort l'aurait encore trouvé l'âme toujours simple et naïve.

En attendant l'heure où il devait devenir un scout brave et intrépide, il fut un petit enfant peureux, incapable de vaincre sa frayeur. « J'éprouvais une crainte insurmontable en allant, le soir, dans ma petite chambre, quand il faisait nuit.

Je voyais partout des fantômes, des hommes méchants cachés ; il fallait souvent que ma mère vint me calmer et me veiller jusqu'à ce que je fusse endormi. »

Peureux, ce n'était presque pas un défaut ; il en eut d'autres, de vrais, que le devoir cité plus haut nous signale, en citant Horace à l'appui, s'il vous plaît : « J'étais changeant, capricieux : « Et mutatur in horas », dit le poète latin.

Il aimait à contredire et la colère venait souvent troubler sa douceur : « Je m'irrite facilement pour devenir aimable l'instant d'après : Et iram colligit et ponit temere ».

Il était égoïste, ne sachant guère rendre service ni surtout plier sa petite volonté à celle des autres.

Le 13 mai 1920, il fit sa première communion privée et depuis lors, « il enferma dans son cœur, pour jusqu'à la mort, le souvenir de ce jour où il crut voir, des yeux de son âme pure, entre les murs de la chapelle, descendre sur la terre le Royaume des Cieux. »

« J'avais environ neuf ans, écrit-il... J'avais été préparé le mieux possible à ce grand jour.... La messe eut lieu à la chapelle actuelle de Sainte-Croix. Je sentais tous mes parents au fond de la chapelle et j'étais ému, très ému... Mais quelle joie succédant à l'émotion première, quand j'eus le bon Jésus dans mon cœur... Je me vois encore à genoux, sur un petit banc de bois... je pourrais retrouver la place, tant la mémoire m'en demeure précise... Depuis, je n'ai jamais oublié. »

Journée donc d'impressions profondes et d'autant plus peut-être qu'elle avait été précédée d'une longue année d'hésitation et d'intimes débats. L'année précédente, on l'avait déjà préparé à la divine rencontre. Mais quelques jours avant la cérémonie, il avait été pris de tels scrupules qu'il avait fallu remettre à plus tard.

Goûtant déjà si bien les grandes émotions religieuses, il apprenait parallèlement à ausculter son âme. Il sentait comme il est difficile de la maintenir au diapason de ces grands souvenirs : « Malgré ces grandes émotions de ma vie, je ne suis pas toujours resté aussi pieux ni aussi pur qu'alors... J'ai altéré la pureté de mon âme par de petits péchés trop répétés de paresse et d'égoïsme surtout. » C'étaient toutes ces petites passions naissantes dont il parlait à son aumônier qui lui reprochait, l'avant-veille de sa mort, une petite désobéissance à la sœur infirmière. Il répondit avec tant de charme :

« Mon Père, il faut bien que je satisfasse mes petites passions. »

Ainsi grandissait-il avec toutes les imperfections d'un enfant de son âge et toutes les difficultés, mais aussi s'efforçant de faire croître en lui une piété sincère et confiante. Des photographies nous le montrent s'exerçant à dire la Messe, présidant des processions dont ses frères étaient les dociles enfants de chœur.

Le 20 avril 1924 fut une date mémorable dans sa vie. Il entrait ce jour-là à la troupe des Scouts nouvellement formée sur la paroisse St-Paterne. Ce fut une véritable crise... Comme initiation première, on lui proposait de l'emmener au camp et, pour la première fois de sa vie, il lui fallait quitter sa maison et ses parents. Autant les jours précédents, sa joie avait été vive d'essayer le costume scout tout neuf et

de faire de brillantes démonstrations des accessoires de campement devant ses petits frères émerveillés, autant l'heure du départ fut amère. Ainsi sont les enfants : ils vivent de rêve et voient l'avenir comme en un prisme, tout chatoyant de belles couleurs ; mais quand la réalité s'approche et qu'ils la touchent, ils sont surpris et parfois effrayés.

Le départ devait avoir lieu à l'issue des vêpres. Au lieu de se joindre à ses camarades, Louis s'échappa et s'enfuit vers sa maison. Rencontré dans la rue par son père et n'osant avouer le sentiment pourtant bien naturel qui le guidait, il allégua en pleurant qu'il allait chercher un crayon pour pouvoir donner de ses nouvelles pendant le camp. On lui donna le crayon, on le reconduisit à son C. P. et il partit le cœur bien gros... Le camp sécha ses larmes et nul ne s'en étonnera de ceux qui ont vu de près, quelque jour, un camp de scouts....

... Un soir, les tentes se sont posées, au bord d'un ruisseau, avec, en face, la montagne ou la grève, et tout auprès, le bois ou la forêt, car les scouts ont en leur âme quelque chose de la poésie franciscaine : ils aiment la beauté parce que Dieu s'y reflète.

Le matin, au son de la trompe, tous sortent lestement des tentes, bien reposés, et dans l'air frais qui fouette le visage, ils courent au ruisseau. La toilette faite, ils se groupent et récitent pieusement leur prière de chaque jour :

« *Seigneur Jésus, apprenez-moi à être généreux,*
à vous servir comme vous le méritez,
à donner sans compter,
à combattre sans souci des blessures,

à travailler sans chercher de repos, à me dépenser sans attendre d'autre récompense que celle de savoir que je fais votre sainte volonté.

Dieu Tout-Puissant qui avez étendu au-dessus de nos têtes le ciel comme une tente, regardez gracieusement vos fils à l'aurore d'un jour nouveau. Retranchez de ce camp tout ce qui vous offense et unissez-nous au service les uns des autres, afin que cette journée puisse bien se passer dans l'amitié et la grande allégresse. »

Une courte méditation les réunit ensuite ; puis la messe, cette messe au camp qu'ils aiment par dessus tout et qui leur prend l'âme si fort... Et la journée se passe variée, partagée entre les exercices techniques, les travaux que l'on se distribue, les promenades charmantes, les chansons pleines d'entrain dont résonnent les échos, et ils reviennent le soir pour le feu de camp où les chants se font plus recueillis et plus calmes, où l'aumonier laisse tomber dans les âmes la pensée sérieuse qui germera pendant la nuit, où la prière monte fervente dans l'air calme du soir :

« *Pardonnez-nous, Seigneur, tout ce que nous avons fait de mal aujourd'hui, afin que nous, qui allons dormir sous les étoiles, nous puissions dormir en paix. Placez vos gardes autour de ce camp et défendez-nous des marches silencieuses du Malin esprit. Ainsi soit-il.* »

Après quoi les tentes se referment sur tous les garçons qui s'endorment en silence, avec la paix dans l'âme...

Cette vie neuve, toute enveloppée de bonne humeur et de charité, apprivoisa bien vite la petite âme timide, habituée à la serre chaude de la famille. Huit jours après, Louis revint ravi de son séjour. Il avait même oublié de se servir du crayon.

Depuis lors, sa vie s'est peu à peu transformée. S'ajoutant aux deux premières influences qui avaient donné à son âme l'empreinte chrétienne, famille et collège, le scoutisme va orienter et parfaire l'éducation première. Evolution qui sera progressive, cachée, mais que l'on pourra deviner tout de même à mille indices et que sa mort a révélée profonde. Tout au plus, un jour, obéissant au premier mouvement de l'âme, aura-t-il honte de son costume, occasion de fréquentes ironies sur le scoutisme et ses adhérents. Mais n'est-ce pas le fait des convaincus que la critique et l'ironie aiguisent leur courage et leur volonté de bien faire ? Ainsi, Louis devint plus scout que jamais. Le 25 octobre 1924, il était admis à faire sa promesse :

« *Sur mon honneur, avec la grâce de Dieu, je m'engage à servir de mon mieux, l'Eglise et la Patrie ; à aider mon prochain en toute circonstance, à observer la loi scoute.* »

Cette promesse, il dut la faire avec tout le fonds de son âme loyale et sérieuse, ayant bien mesuré ce qu'impliquait la loi à laquelle il se liait : loi de loyauté chevaleresque, de charité, de camaraderie courtoise, d'obéissance, d'économie, de pureté, de piété et de joie.

Le 1er septembre 1926, il passait l'épreuve de 2e classe et le 7 juillet 1927, il était jugé digne de devenir Chef de la Patrouille des Aigles. Il comprit tout de suite la charge à lui confiée et quel rôle responsable le Chef de Patrouille assume dans nos troupes de Scouts catholiques. Sous le contrôle évidemment du Chef de la Troupe et de l'Aumônier, le jeune

C. P. a la réelle responsabilité de ses garçons. C'est lui qui leur fait préparer ces nombreux brevets pratiques qu'ils appellent des baddes ; c'est lui aussi qui organise et dirige les sorties de la patrouille, qui veille à l'entretien du matériel, qui fait observer la régularité et l'exactitude, qui donne les conseils et redresse les torts, qui entraîne en un mot par sa bonne camaraderie, par son entrain, par son exemple surtout. De ce fait, Louis allait commencer un véritable rôle d'éducateur et il comprit que, dans sa petite sphère, il aurait en quelque sorte, charge d'âmes... « Je vais être reçu officiellement C. P. jeudi prochain, écrivait-il à un autre Chef de patrouille ; je te demande de prier pour moi, pour ma patrouille, pour que les aigles marchent mieux, car j'ai l'impression qu'ils baissent à cause peut-être de l'un d'eux... »

Dans son ardeur toute neuve, il sentait qu'il y avait une œuvre à faire. Sa préoccupation devint constante de faire du bien dans sa patrouille et de devenir meilleur lui-même pour faire plus de bien. Le progrès que fit faire à son âme le désir d'améliorer les autres fut immense. Au reste, est-il moyen plus efficace de sanctification personnelle que le zèle chrétien, l'ardente charité ? La flamme de l'apostolat, sous sa forme scoute, s'empara de cet adolescent : elle le transforma. « Je suis trop égoïste encore... J'aime trop la recherche de mes aises et la satisfaction de mes volontés... Surtout, je ne suis pas assez généreux pour les autres... Dis-moi donc en ami, quelles qualités je possède actuellement, si j'en possède. Je désire les connaître nettement pour essayer de les développer en moi, pour mener une vie meilleure moi-même et pour en faire profiter mes scouts si je le puis... »

Sa responsabilité lui trace un programme toujours plus pressant. Pour faire face à chaque instant, il faut se surveiller sans cesse, faire sans cesse effort. Et cela, c'est déjà une grande richesse morale, si petit et banal que soit l'objet de l'effort. Un écrivain contemporain l'a noté, et si bien, dans son « Dialogue avec Gérard » :

Antonin dit ceci à Gérard : « Tu m'as dit qu'à la rentrée, dans les compositions de ta classe, tu étais en moyenne vingtième sur trente-sept élèves... et qu'à présent tu es toujours dans les huit premiers... Cela fait évidemment une toute petite chose dans le monde et toi-même tu vas peut-être me trouver ridicule, mais je ne peux pas te dire comme je trouve cela admirable... A quoi serviraient ces milliers de garçons qui se font tuer (c'était pendant la guerre) si tu ne cherchais pas à être huitième au lieu de vingtième ?... Des choses seront ainsi changées à cause de toi. A cause de toi, il y aura quelque chose d'augmenté dans le pays, quelque chose de mieux au point, quelque chose de plus voisin de la perfection... Se dépasser toujours. Se sentir augmenter comme un ballon que l'on gonfle... Battre son record, avancer de dix centimètres le jalon vers la totale perfection humaine. » Et voilà la grandeur d'un petit scout qui essaye de mieux faire et de se dominer.

Sa patrouille l'obsédait et l'inquiétait. Ses notes et ses lettres nous le disent. Il suit chacun de ses garçons, il note sur un petit carnet spécial, connu de lui seul, ce qu'il pense de chacun d'eux, afin d'adapter son action à leurs exigences personnelles. Il se peine de leurs manquements, il cherche comment les reprendre, il se réjouit de les voir revenir et de sentir leurs crises se résoudre. Un jour, un de ses scouts l'inquiète tellement, il se sent si impuissant à lui faire comprendre le sérieux de sa promesse, qu'il se décourage et veut quitter sa patrouille... Et puis, il se reprend, il regrette son pessimisme : « Je retire ce que j'ai écrit l'autre semaine ; j'ai eu tort de perdre courage... je vais reprendre l'œuvre mieux et plus fort... » Et pour cela, il va former sa volonté qu'il sent trop faible. « Je sais que je ne suis pas un scout parfait, loin de là... La volonté toujours... J'ai déjà remporté quelques succès à la troupe, à la maison et à Sainte-Croix... Il faut continuer... » Et son idéal s'élève, se précise : « Ne plus rechercher dans le scoutisme des plaisirs futiles, mais faire de mes scouts et de moi-même des garçons loyaux, forts, épris d'idéal. Il faut que je devienne d'abord un très bon scout, puis un bon chef, par le dévouement et la volonté. »

C'est ainsi qu'il prit pour modèle de sa vie scoute, Roland, le Chevalier, et pour devise « Faire face » ; à la suite de son modèle, il décrit ce qu'il veut être : « Je voudrais être tout d'abord un type modèle dans le travail, donner l'exemple partout et toujours, un type pieux plus que je le suis, car je n'ai pas assez de ferveur, enfin, un Chef de patrouille parfait et cela me paraît plus difficile que tout, car il me faut tout faire : me gagner moi-même et gagner les autres, me rapprocher moi-même toujours plus du but en même temps qu'amener mes scouts au vrai scoutisme et à l'idéal sans que trop souvent, ils fassent rien eux-mêmes pour y parvenir. »

Voilà comment le scoutisme le transforme. Peut-être, au reste fait-il cloison trop étanche entre sa vie scoute et le reste de sa vie. Car il demeure trop nonchalant encore, trop ennemi de l'effort, dans son travail de collège surtout. Là il ne fait pas tout ce qu'il peut, et il en convient avec son aumônier qui souvent le lui reproche. Par contre son scoutisme développe en lui la vigueur l'entrain, l'exubérance de vie ; il joue avec ses camarades, il fait de folles randonnées dont il est le boute-en-train, il gagne un concours de patrouille, il se lance avec ardeur dans la campagne dont il goûte les charmes et les bienfaits : « J'aime à me promener au milieu de la nature en éveil qui, lorsqu'on sait la goûter, vous enseigne tant de choses... Le scout voit l'œuvre de Dieu dans la nature... »

Il se fait bon camarade, de plus en plus, il s'offre aux autres pour leur rendre service. Il se fait surtout ami et ami fidèle et sérieux, ami chrétien : « Le but de l'amitié, écrit-il, est de devenir meilleur l'un par l'autre. Mettre en commun ses pensées, ses désirs, son âme, s'aider et surtout, prier l'un pour l'autre. » Avec ses camarades et ses amis plus encore, il était franc, totalement, au risque de blesser parfois sans s'en rendre compte, et en même temps, très timide avec tous, ce qui le faisait souvent faussement juger.

Au mois de septembre 1927, il fut de ceux qui s'inscrivirent pour la retraite fermée des jeunes gens au Collège St-Euverte. Une retraite fermée devait agir profondément sur une âme si bien disposée. Il en sortit plus fort et plus résolu, avec des projets que nous ne savons pas, mais avec une petite moisson de pensées et de résolutions, retirées de ses lectures et des instructions du Prédicateur, et dont nous voulons cueillir, au hasard, quelques épis :

« *Je connais Dieu, je l'aime, pourquoi ne pas le servir ?* »

« *Servir, ce qui exclut l'égoïsme.* »

« *Les saints ne sont pas nés saints, mais ils le deviennent.* »

« *Bienheureux les cœurs purs, car ils verront Dieu.* »

« *Pourquoi donc redoutez-vous la croix, puisqu'* « *elle est le chemin qui conduit au ciel ?* »

« *Petit péché, grande conséquence.*

« *Un saint triste est un triste saint.* »

Et ces trois pensées qui traduisent

comme un pressentiment de sa fin prochaine :

« *On meurt comme on a vécu* ».

« *Chaque action bien faite est le meilleur emploi de la vie et donc la meilleure préparation à la mort.* »

« *Je serai jugé non d'après le temps que j'aurai passé sur la terre, mais d'après l'emploi de ce temps.* »

N'a-t-on pas envie de redire, devant ces pensées, notées par un adolescent de 16 ans : « Ces gamins de 13 à 17 ans, c'est le champ de l'action de Dieu. »

De cette retraite aussi, il avait rapporté un règlement particulier qui comporte, entre autres points, l'essentiel des exercices religieux de sa journée :

« *Lever à heure fixe ou au moins déterminée la veille.*

Prière du matin. Méditation. (Messe).

L'après-midi, une petite visite au Saint-Sacrement.

Le soir, prière du soir, examen de conscience, lecture pieuse avant de m'endormir. »

« *Age quod agis. Memento homo quia pulvis es et in pulverem reverteris.* »

Ainsi gagnait-il du terrain dans sa lutte pour le bien véritable. Sa jeune vie était de « ces belles vies qui ont leurs saisons et si parfois elles semblent se faner, refleurissent plus parfaites. » Et son âme qui se révèle à nous si pure, se laissait trahir parfois et on devinait toute sa clarté. « Tout d'un coup, une petite phrase... une simple petite phrase qui passe... Un trou s'entr'ouvre, toutes limites fuient... J'entends des bouffées de musique... »

Et sans le savoir, il se préparait à mourir. Dieu l'attirait-il insensiblement à lui et sentait-il de cet instinct des âmes pures qui est la voix divine au dedans, l'heure prochaine de son retour au ciel ? On serait tenté de le penser devant cette sorte de réserve qu'il gardait en ce qui touchait son avenir et cette indifférence trop marquée pour les choses matérielles.

Le jeudi 15 février, en pleine vie, sans aucune annonce, il dut s'aliter. Et au bout de quelques heures, à peine, le médecin diagnostiquait une appendicite aiguë qu'il fallait opérer le soir même. Louis subit le coup sans s'émouvoir, ne jugeant pas, semble-t-il, la gravité du cas brutal. « A quand l'opération, docteur ? », demanda-t-il avec quelque désinvolture. On fit, le soir, l'opération très grave, qu'il supporta facilement et, le lendemain, il reparlait déjà de vie, pensant à la fête de sa troupe, se demandant s'il serait remis, comment il s'y ferait porter... Trois jours se passèrent pendant lesquels il semblait prendre le dessus du mal. Dans la petite chambre de la clinique, il recevait aimablement les quelques visites permises et l'on causait d'avenir... Son aumônier prêchait, cette semaine-là, une retraite de jeunes gens à laquelle il s'intéressait et pour laquelle il offrait une partie de ses souffrances assez vives.

Le lundi soir, la fièvre brusquement monta, signe de l'infection sourde... Alternances qui sont presque normales en pareil cas et ne motivent pas l'abandon de tout espoir. Son entourage revenait plutôt à l'optimisme et lui, il continuait de penser au mieux sans avoir un instant songé à la mort possible.

Le jeudi 16, une embolie survint, dernière et définitive complication.

Dans l'après-midi, déjà fort mal, il pensait encore si peu à la mort qu'il demandait à sa mère de faire remettre sa bicyclette en état pour qu'il pût participer, aussitôt remis, à une promenade scoute projetée. Il ne pensait qu'à vivre et on va lui parler de la mort, sans transition aucune... Le froid gagnait en effet les membres, et l'agitation commença autour du petit opéré qui se croyait en voie de guérison. Sa mère était là.

« Maman, pourquoi s'agite-t-on maintenant ? Serais-je plus mal ? Le médecin a pourtant dit que j'étais mieux. » Sans hésiter, sa mère le renseigna, lui dit qu'une embolie était survenue et que son état était très grave. « Alors, je vais mourir ? » — « Je crois qu'il faut t'y préparer, mon petit. »

Alors, sans émotion, sans une larme, simplement, il répondit ceci :

« Mère, ma devise de scout, c'est d'être toujours prêt. Je suis prêt à mourir. » Et il ajouta : « Je demande qu'on ne pleure pas autour de moi, car je ne suis pas triste. » Triste, en effet, il ne le fut pas un instant, mais brave jusqu'au dernier soupir. Pourquoi eût-il tremblé quand il pouvait se rendre ce splendide témoignage : « Je pense que je n'ai jamais offensé gravement le Bon Dieu. Je vais mourir, je ne l'offenserai jamais. »

Il demanda ensuite que le drapeau scout et son fanion de patrouille fussent posés sur son cercueil, désigna certains objets de sa chambre qu'il fallait donner et demanda son confesseur. Il le fallut chercher longtemps, pendant quoi l'aumônier scout arriva. D'un long regard très doux, avant même d'ouvrir les lèvres, l'enfant lui fit comprendre qu'il savait... Puis il parla : « Mon Père, je vais mourir. C'est beau de mourir à mon âge avant d'avoir connu le mal et d'avoir pu le faire... » Et croyant la mort plus proche qu'elle n'était : « Voulez-vous m'administrer tous les sacrements de ceux qui meurent ? Il faut se presser ».

L'aumônier jugeant qu'il se passerait quelques heures encore avant l'instant dernier, le calma et ils causèrent en attendant le prêtre. « Mon Père, il y a ce soir réunion de la troupe ; voulez-vous y aller et leur dire à tous, à ma patrouille surtout, que je vais mourir, que je vais bien mourir, et que j'offre ma vie pour mes parents, mais aussi pour eux, pour qu'ils comprennent bien leur scoutisme et qu'ils restent fidèles. Qu'ils prient aussi pour moi ».

Vers six heures du soir, en pleine connaissance, il reçut les sacrements avec une piété et une simplicité touchantes, suivant le détail et répondant lui-même aux prières. Puis, comblé de tant de grâces, il attendit la mort qui fut longue à venir. Dieu s'attardait à sculpter cette jeune âme, comme un artiste qui veut son œuvre sans défaut. Dix heures durant, il patienta, sans laisser entendre la moindre plainte ni le moindre regret. Deux sentiments, nous dit-on, se partagent l'âme des saints : ou mourir pour posséder Dieu, ou vivre plus longtemps pour le faire aimer sur la terre. Ce sont les deux pensées qui, alternativement, occupèrent son esprit et son cœur ; « Sois toujours un bon chrétien et donne le bon exemple ; quand on va paraître devant le Bon Dieu, il n'y a que cela qui compte », telle fut la dernière recommandation à son jeune frère. Et par trois fois ensuite, il exprima l'idée que s'il revenait à la vie, ce serait « pour faire du bien et être un apôtre. »

Mais il fut absorbé surtout par l'approche de « Jésus qui allait venir le chercher ». « N'appelez pas le médecin, ne m'enlevez pas mon bonheur ». Et avec un calme surprenant, il s'enquit tour à tour du temps qui lui restait à vivre, de la façon dont il allait mourir, plus encore de la beauté, de la magnificence du ciel et de l'existence qu'on y menait. Il s'unit simplement aux prières des agonisants, répondit au chapelet qu'on récitait auprès de lui, multipliant les invocations : « Jésus, Marie Joseph ». « Mon Père que votre volonté soit faite », « Mon Jésus, quand vous voudrez », « Mon Jésus, je vous aime, venez me chercher », regardant de ses grands yeux le petit Christ que lui montrait son père et l'image de Sainte Thérèse posée sur ses genoux. Louis était dans ce calme « d'où l'on aperçoit l'existence et la mort comme également proches et où, sans effroi ni regret, on voit ce qui a été et surtout ce qui vient ». Et tous ceux qui le regardaient s'apaisaient à le voir. « Il y a parfois une grande douceur, une douceur inexprimable auprès des lits d'agonie. On se comprend à demi-mot avec ce mourant dont jadis on était séparé par mille barrières... La mort peut enfin cette amitié que n'a pas pu la vie. »

Après dix heures d'offrande de lui-même, sans s'être un instant débattu contre la mort ni troublé en face du jugement, au moment même où le prêtre, selon les prières liturgiques, achevait d'inviter les saints et les anges à venir prendre cette âme toute pure pour l'offrir au Tout-

Puissant, vers quatre heures du matin, son âme s'en alla...

Ainsi, les morts s'en vont « laissant autant de mystères qu'ils en emportent. Un corps tombe et mille choses s'arrêtent éternellement en suspens »... « Mais leur action devenue mystérieuse, ne s'arrête pas : leur vie s'est enfuie mais sa fécondité demeure comme celle « d'une eau qui passe, s'infiltrant dans les bonnes terres pour en faire pousser l'herbe plus drue et plus belles les fleurs ».

Achevé d'imprimer
par "La Semeuse"
- - - Étampes - - -
- 1er Juillet 1928 -

:: Se vend 2 francs ::

***A LA HUTTE**, à Paris*

66 bis, rue Saint-Didier

www.ingramcontent.com/pod-product-compliance
Ingram Content Group UK Ltd.
Pitfield, Milton Keynes, MK11 3LW, UK
UKHW021514260726
13993UKWH00004B/1669

9 782329 204451